Peggy Werner

Modelle zur Beschreibung von Ontologien

GRIN Verlag

Bibliografische Information der Deutschen Nationalbibliothek:

Die Deutsche Bibliothek verzeichnet diese Publikation in der Deutschen National-
bibliografie; detaillierte bibliografische Daten sind im Internet über http://dnb.d-
nb.de/ abrufbar.

Impressum:

Copyright © 2010 GRIN Verlag GmbH
Druck und Bindung: Books on Demand GmbH, Norderstedt Germany
ISBN: 978-3-656-17356-4

Dieses Buch bei GRIN:

http://www.grin.com/de/e-book/192351/modelle-zur-beschreibung-von-ontologien

GRIN - Your knowledge has value

Der GRIN Verlag publiziert seit 1998 wissenschaftliche Arbeiten von Studenten, Hochschullehrern und anderen Akademikern als eBook und gedrucktes Buch. Die Verlagswebsite www.grin.com ist die ideale Plattform zur Veröffentlichung von Hausarbeiten, Abschlussarbeiten, wissenschaftlichen Aufsätzen, Dissertationen und Fachbüchern.

Besuchen Sie uns im Internet:

http://www.grin.com/

http://www.facebook.com/grincom

http://www.twitter.com/grin_com

Technische Universität Dresden

Fakultät Wirtschaftswissenschaften
Lehrstuhl für Wirtschaftsinformatik,
insbesondere Systementwicklung

Modelle zur Beschreibung von Ontologien

Seminararbeit
zur Erlangung eines Seminarscheines
nach §7 der Prüfungsordnung Wirtschaftsinformatik

Peggy Werner

Dresden, 17. April 2012

Abstract

Ontologien erlauben die Formalisierung von Wissensnetzen. Es existieren verschiedene Ontologiesprachen, welche einer syntaktisch formalsprachlichen Repräsentation dienen. Für die vom Menschen leichter erfassbare grafische Darstellungsform eignen sich Modelle. Es bleibt jedoch die Frage, ob und in welchem Maße existierende Modelliersprachen für die Beschreibung von Ontologien benutzt werden können. Durch die Analyse von vier Modelltypen konnte ihre Visualisierungsmächtigkeit in das Ontologiespektrum nach MCGuinness eingeordnet werden. Die Ergebnisse zeigen, dass eine Modelliersprache, welcher eine ontologie-ähnliche Grundidee der Abbildung von Klassen-Relations-Netzen zugrunde liegt, selbst zur grafischen Beschreibung von Ontologien verwendet werden kann. Nach der Einordnung der Repräsentationsmöglichkeiten anhand der Formalisierungsgrade des Ontologiespektrums lässt sich festhalten, dass die Visualisierung von Klassen, Relationen und Instanzen problemlos erfolgen kann, die grafische Umsetzung bei Axiomen als Ontologiebestandteile jedoch an ihre Grenzen stößt. Zudem ist es auf Basis der vier betrachteten Modelltypen nicht möglich, alle Formalisierungsstufen, insbesondere solche höherer Grade und logischer Beschränkungen, grafisch zu beschreiben.

Inhaltsverzeichnis

1 Einleitung

1.1 Themengrundlage

Im Rahmen der Wissensrepräsentation existieren verschiedene Konzepte zur Abbildung und Strukturierung von Wissen, also zweckorientiert miteinander verknüpften Informationen ([ReKr96], S. 5). Mithilfe von Ontologien können semantisch mächtige Wissensnetze modelliert werden ([RuHi06], S. 56), welche einen Ausschnitt der realen Welt abbilden ([Stuc09], S. 5). Der Zweck einer solchen Abstraktion ist zunächst die technische Repräsentation von Bedeutung von Inhalten, um diese beispielsweise für das Semantic Web nutzbar zu machen. Durch die Modellierung einer Ontologie kann zudem ein einheitliches Verständnis für eine bestimmte Domäne geschaffen werden. Um diese zu visualisieren, finden grafische Modelle ihren Einsatz.

1.2 Problem- und Zielstellung

Die Zusammenhänge zwischen Informationen in einem Wissensnetz sind von großer Bedeutung für ihre semantische Erfassung. Damit ein Betrachter sie intuitiv verstehen kann, wird eine einheitliche, eindeutige und einfache Visualisierung benötigt. Die meisten Repräsentationsmöglichkeiten beschränken sich jedoch auf die logische, syntaktische Ebene, weniger auf die formale Beschreibung modellhafter, graphischer Darstellungsmöglichkeiten. Eben diese ist jedoch beispielsweise für den iterativen Prozess der Ontologieerstellung oder die spätere Nutzung durch den Menschen wünschenswert.

Da Ontologiesprachen mehrheitlich nur die syntaktische Repräsentation erlauben, hat die vorliegende Arbeit das Ziel, verschiedene Modelle, welche teilweise bisher nicht primär für die Abbildung von Ontologien benutzt werden, auf ihre Tauglichkeit zur grafischen Abbildung von Ontologien zu prüfen. Das Ziel dabei ist schlussendlich die Einordnung ihrer Visualisierungsmächtigkeit, d.h. die Analyse, wie die Modelle zur Visualisierung genutzt werden können und welche Ausdruckskraft sie dabei im Vergleich zur syntaktisch formalen Repräsentation besitzen. Der Leser soll einen Einblick in die Möglichkeiten der modellhaften, visuellen Beschreibung von Ontologien erhalten. Die syntaktische Darstellung von Ontologien wird in dieser Arbeit nicht fokussiert.

1.3 Aufbau der Arbeit

Zunächst werden in Kapitel 2 die definitorischen Grundlagen gelegt und die verschiedenen Möglichkeiten der Repräsentation von Ontologien, auf Basis des ebenfalls vorgestellten Ontologiespektrums, aufgezeigt. Nach dem vorstellen des zur Beispielmodellierung verwendeten Fallbeispiels, werden mit Kapitel 3 semantische Netze, das (erweiterte) Entity-Relationship-

Modell, das UML Klassenmodell und Topic Maps als Möglichkeiten der grafischen Beschreibung von Ontologien vertieft und bezüglich ihrer Verwendbarkeit analysiert. Kapitel 4 fasst die
Ergebnisse zusammen und stellt sie in einer tabellarischen Übersicht dar. Die Arbeit schließt
mit dem einer kritischen Betrachtung der Thematik in Kapitel 5.

1.4 Methodische Vorgehensweise

Die Auswahl der betrachteten Modelle basiert auf der Recherche, welche grafischen Modelle im
Großen und Ganzen das dem Verständnis einer Ontologie folgen und dieses deshalb abbilden
könnten. Die ausgewählten Modelle wurden anschließend unter der Zielstellung, ob und in wie
weit sie für die grafische Ontologiebeschreibung verwendet werden können, analysiert.

2 Ontologie Grundlagen

2.1 Definition

Eine häufig zitierte Definition ist diejenige von Studer, Benjamins und Fensel, welche eine Ontologie als formale, explizite Spezifikation einer gemeinsam genutzten Konzeptualisierung verstehen ([Stu⁺98], S. 185). Der Begriff Konzeptualisierung bezieht sich hierbei auf die abstrakte, modellhafte Beschreibung von bestimmten Wissensbereichen der realen Welt ([Hess02], S. 477). Voraussetzung dafür ist das Kennen und Identifizieren von Konzepten einer betrachteten Domäne ([Cor⁺06], S. 4). Da die obige Definition von Stuber et al. die Formalität im Sinne von Maschinenlesbarkeit verlangt, fokussiert sie die formale, logische Beschreibung einer Ontologie.

Neches et al. beschreiben das Konzept allgemeiner als definierte Menge von Begriffen und Beziehungen. Eine Ontologie umfasst ein bestimmtes Domänenvokabular, sowie Regeln zur Beschreibung von Zusammenhängen zwischen Begriffen und Relationen, wodurch Bedeutung von Inhalten definiert werden kann ([Nec⁺91], S. 40).

Wird der Begriff der Formalität der ersten Definition allgemein als 'die Form betreffend' verstanden, so lässt sie sich auch für grafisch repräsentierte Ontologien heranziehen, welche sodann ebenfalls als formale Spezifikation eines Wissensbereiches betrachtet werden können. Aus diesem Grund bieten beide oben genannten Definitionsansätze einen Ausgangspunkt für die weiteren Betrachtungen in dieser Arbeit.

2.2 Bestandteile

Eine Ontologie in Form einer Menge von Begriffen, die miteinander in Beziehung stehen, basiert im Allgemeinen auf vier Hauptbestandteilen: Klassen, Relationen, Instanzen und Axiomen. Diese lassen sich einzeln wie folgt beschreiben.

Klassen (auch Begriffe oder Konzepte) sind Oberbegriffe für gemeinsame Eigenschaften bzw. Strukturen von individuellen Objekten der realen Welt. Klassen einer Ontologie sind oft durch eine existierende Taxonomie[1] einer Domäne gegeben, sodass sie in Ober- und Unterklassen organisiert sein können und Vererbung von Klasseneigenschaften ermöglicht wird (([Cor⁺06], S. 5), ([Hess02], S. 477)). Klassen einer Ontologie sind daher vergleichbar mit Klassen in der objektorientierten Programmierung.

Instanzen bilden individuelle, spezielle Objekte (auch Individuen) der realen Welt in einer

---

[1]„Eine Taxonomie ist eine Hierarchie von Begriffen, die Elemente in einer Über-/ Unterordnung darstellt. Es lassen sich - außer der hierarchischen Struktur - keine Beziehungen zwischen Elementen definieren." ([Jerr10], S. 17)

Ontologie ab ([Cor$^+$06], S. 6). Sie sind vergleichbar mit Objekten in der objektorientierten Programmierung, da sie aus Klassen der Ontologie erzeugt werden können.

Relationen beschreiben den Zusammenhang zwischen zwei Klassen einer Ontologie ([Cor$^+$06], S. 5). Relationen können Klassen beispielsweise mithilfe einer *is a* Beziehung hierarchisch ordnen, sodass die Spezialisierung und Generalisierung von Konzepten in einer Ontologie ermöglicht wird. Prinzipiell können beliebige Beziehungen zwischen Klassen definiert werden.

Axiome definieren immer wahre Aussagen über Elemente der Ontologie. Sie werden deshalb insbesondere dazu verwendet, Wissen zur Ontologie hinzuzufügen, welches nicht aus anderen Bestandteilen derer hervor geht ([Cor$^+$06], S. 5). Eine Ontologie muss daher nicht zwingend Axiome enthalten.

2.3 Repräsentationsmöglichkeiten

Nachdem auf Grundlage der allgemeinen Definition von Ontologien ein einheitliches Verständnis geschaffen wurde, können Ontologien noch weiter klassifiziert werden, denn sie unterscheiden sich im Grad ihrer Formalisierung. In [McGu03] werden Ontologien in Abhängigkeit ihres Formalisierungsgrades in einem linearen Ontologiespektrum klassifiziert, d.h. eine Formalisierungsstufe baut auf ihre Vorgängerstufe auf und erweitert diese um gewisse Aspekte. Diese Einteilung wird in Abbildung 1 gezeigt und im Folgen näher betrachtet. Es werden Leightweight- und Heavyweight-Ontologien unterschieden, wonach sich auch die Art ihrer Repräsentation, in natürlicher oder formaler Sprache, bedingt.

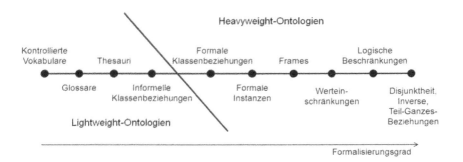

Abbildung 1: Ontologiespektrum nach McGuinness[2]

2.3.1 Natürlichsprachliche Ontologien

Natürlichsprachliche Ontologien werden als Lightweight-Ontologien bezeichnet. Sie dienen der Benutzung durch den Menschen (z.b. zur Bildung eines gemeinsamen Domänenverständnisses). Zu ihnen zählen nach der Klassifizierung von McGuinness bereits kontrollierte Vokabulare (endliche Begriffslisten) und Glossare, was den in Kapitel 2.1 genannten Definitionen noch vorgreift. Thesauri (um Ähnlichkeits- und Synonymrelation erweiterte Taxonomie) und informelle Klassenbeziehungen (Taxonomien auf Basis informeller Bedeutungszusammenhänge) ([McGu03], S. 175) werden ebenfalls, wie in Abbildung 1 veranschaulicht, den Lightweight-Ontologien zugeteilt. Die Bestandteile natürlichsprachlicher Ontologien beschränken sich demzufolge, abhängig vom Formalisierungsgrad, auf Klassen und Relationen.

2.3.2 Formalsprachliche Ontologien

Formalsprachliche Ontologien werden als heavyweight-Ontologien bezeichnet. Sie fügen zu den Inhalten einer Lightweight-Ontologie Axiome und Einschränkungen hinzu ([Jerr10], S. 15) und spezifizieren damit ihre Inhalte genauer. Die Klassifikation nach McGuinness zählt die lineare Erweiterungen einer Lightweight-Ontologie um formale Klassenbeziehungen (Taxonomien auf Basis formaler Ober- und Unterklassenhierarchien und des Vererbungsprinzips), Instanzen, Frames (Hinzunahme von vererbbaren Eigenschaften), Werteinschränkungen (z.b. in Form von Kardinalitäten) und logischen Beschränkungen zu ihnen (([Jerr10], S. 16), ([McGu03], S. 176 f.)). Die ausdrucksstärkste Stufe des Spektrums bilden Ontologien mit logischen Beschränkungen der Prädikatenordnung 1. Stufe oder detaillierten Relationen, wie disjunkte Klassen oder Teil-Ganzes-Beziehungen ([McGu03], S. 177). Formalsprachliche Ontologien bestehen demzufolge mindestens aus Klassen und Klassenbeziehungen welche mit zunehmendem Formalisierungsgrad spezialisiert und um Instanzen und Axiome ergänzt werden.

Heavyweight-Ontologien werden zum Ableiten von nicht explizit beobachtbarem Wissen ([Stuc09], S. 36), d.h. zur automatisierten Wissensinterpretation und -generierung (z.b. durch Ausnutzen von Transitivität oder Implikationen), eingesetzt. Es existieren verschiedene (syntaktisch formale) Ontologiesprachen, welche Heavyweight-Ontologien abbilden können. Als Beispiel sei die Web Ontology Language OWL genannt, deren Sprachausdrücke ähnlich einer Beschreibungslogik formalisiert werden ([Stuc09], S. 148 ff.).

2.3.3 Grafische Repräsentation von Ontologien

Auf der Grundlage des Ontologiespektrums findet eine Einteilung in natürlich- und formalsprachliche Repräsentation von Ontologien statt, wobei hinter formalsprachlich zumeist formale Syntax steht. Letzteres scheint jedoch insbesondere für die den Menschen weniger verständ-

---

[2]Quelle: Eigene Darstellung in Anlehnung an [McGu03], S. 175 und [Jerr10], S. 15.

lich, übersichtlich und anschaulich. Das Bild des Gesamten geht verloren. Aus diesem Grund kann die formale Visualisierung von Ontologien, insbesondere von Heavyweight-Ontologien, in Form von Modellen helfen, Komplexität zu reduzieren und auch syntaktisch formalsprach-liche Ontologien dem menschlichen Gebrauch zugänglich zu machen. Das Ziel ist also eine verständliche, menschenlesbare, jedoch weiterhin formale, teils natürlichsprachliche Abbildung von Ontologien. Wie dieses Ziel unter Benutzung bereits existierender, grafischer Modellarten erreicht werden kann, ist weiterer Betrachtungsgegenstand dieser Arbeit.

2.4 Fallbeispiel

Zum Zweck der beispielhaften Darstellung einer Ontologie mithilfe der in Kapitel 3 vorgestell-ten, grafischen Modellen, wird an dieser Stelle ein fortlaufend benutztes Fallbeispiel vorgestellt. Das betrachtete Szenario ist:

- Ein Student ist an einer Fakultät immatrikuliert.

- Eine Fakultät bietet Lehrveranstaltungen (LV) an. Jede LV besitzt einen Titel.

- Eine LV ist entweder eine Vorlesungen (VL), eine Übung (UE) oder ein Tutorium (TUT). Andere LV gibt es nicht.

- LV dauern jeweils 90 Minuten.

- Studenten besuchen LV.

- Studenten können Tutoren sein und Tutorien leiten.

- Max ist ein Tutor.

3 Grafische Modelle zur Ontologiebeschreibung

Die Basis für die folgenden Betrachtungen ist das vorgestellte Ontologiespektrum. Verschiedene Modelltypen werden unter dem Aspekt ihrer Visualisierungsfähigkeiten von Formalisierungsgraden des Spektrums betrachtet. Zudem wird herausgestellt, welche Bestandteile von Ontologien wie dargestellt werden können. Zu den analysierten Modellen zählen semantische Netze, das Entity-Relationship-Modell, UML Klassendiagramme und Topic Maps.

3.1 Semantische Netze

Mithilfe von semantischen Netzen können, allgemein betrachtet, Begriffe und deren Beziehungen zueinander abgebildet werden ([Stuc09], S. 28). Da dieses Konzept der grundlegenden Definition von Ontologien entspricht, werden semantische Netze als modellhafte Repräsentationsmöglichkeit derer im Folgenden näher betrachtet. Die Graphentheorie ist dabei Basis für die formale Visualisierung.

3.1.1 Repräsentation der Hauptbestandteile einer Ontologie

Semantische Netze werden als gerichtete Graphen dargestellt ([Stuc09], S. 29). Dabei repräsentieren die Knoten des Graphen die *Klassen* und die gerichteten Kanten des Graphen die *Relationen* einer Ontologie. Es werden unterschiedliche Kantentypen unterschieden, wodurch die Assoziationen zwischen den Klassen der Ontologie näher erklärt werden kann. Ein semantisches Netz erlaubt zudem die Abbildung von *Instanzen* oder sogar konkreten Werten bestimmter Eigenschaften. Diese werden ebenfalls als Knoten repräsentiert, sodass insgesamt drei verschiedene Arten von Knoten existieren (([Stuc09], S. 31), ([Reic10], S. 201)). *Axiome* sind im semantischen Netz nicht grafisch abbildbar. Sie können aber beispielsweise durch die Ergänzung um formale, logische Beschreibungen hinzugefügt werden ([Stuc09], S. 36 f.), was jedoch keiner grafischen Darstellung mehr entspricht.

3.1.2 Repräsentierbare Formalisierungsgrade

Die minimal formale, repräsentierbare Stufe im Ontologiespektrum ist die der Thesauri, da semantische Netze beliebige Relationen zwischen allen drei Knotenarten zulassen. Somit sind Ähnlichkeits- und Synonymrelationen problemlos abbildbar. Auch die nächste Stufe der informellen Klassenbeziehungen ist visualisierbar, da keine Restriktionen bezüglich formaler Klassenhierarchien vorliegen und demnach Knoten beliebig miteinander in Relation gesetzt werden können.

Trotzdem findet auch das Prinzip formaler Unter- und Oberkategorien in einem semantischen Netz Umsetzung. Laut Stuckenschmidt sind Ober-/ Unterkategorienrelationen zwingender Bestandteil eines semantischen Netzes ([Stuc09], S. 49). Diese sind nicht nur zwischen Klassen möglich, sondern auch zwischen Klassen und Instanzen. Stuckenschmidt unterscheidet hierbei zwischen der AKO (a kind of) Relation zwischen zwei Klassen und der IS-A Relation zwischen einer Klasse und einer Instanz. Damit wird dem Unterschied Rechnung getragen, dass eine Hierarchiebeziehung zwischen zwei Klassen eine Teilmengenrelation repräsentier, wohingegen eine solche Beziehung zwischen einer Klasse und einer konkreten Instanz einer Mitgliedschaftsbeziehung an der Klasse entspricht ([Stuc09], S. 35).

Da semantische Netze Instanzen als Knoten abbilden können, findet die Formalisierungsstufe der formalen Instanzen ihre grafische Repräsentation. Auch die Stufe der Frames ist darstellbar, da Unterklassen die Eigenschaften ihrer Oberklassen erben ([Reic10], S. 50 f.).

Höher formalisierte Ontologien sind mit semantischen Netzen im Allgemeinen nicht grafisch darstellbar. Lediglich part-of Beziehungen der letzten Formalisierungsstufe lassen sich aufgrund der Beliebigkeit von Relationen abbilden. Somit hält sich die Formalisierungskraft semantischer Netze im repräsentierbaren Bereich an die Linearität des Ontologiespektrums und ermöglicht die grafische Beschreibung von Thesauri bis hin zu Frames, sodass sowohl Lightweight- als auch Heavyweight-Ontologien mit semantischen Netzen modelliert werden können.

3.1.3 Beispielontologie

In Abbildung 2 findet das in Kapitel 2.4 vorgestellte Fallbeispiel seine Visualisierung als semantisches Netz. Die Aussage, dass außer Vorlesungen, Übungen und Tutorien keine anderen Lehrveranstaltungen existieren, kann nur unter der Closed-World-Annahme bestehen. Nur unter dieser Annahme, kann davon ausgegangen werden, dass das Modell alle relevanten Informationen enthält ([Stuc09], S. 34). Die grafische Repräsentation lässt den Schluss zu, dass es als Tutor möglich ist gleichzeitig ein Tutorium zu halten und es als Student zu besuchen. Da dies offensichtlich nicht möglich ist, müsste diese Regel als Axiom ergänzt werden.

3.2 (Enhanced) Entity-Relationship-Modell

Das Entity-Relationship-Modell (kurz: ERM, ER-Modell) kann als Gegenstands-Beziehungs-Modell verstanden werden. Es setzt zur Modellierung einer realen Domäne Gegenstände untereinander in Beziehung ([FeSi01], S. 129). Dass dieser generelle Ansatz eines ERMs mit dem allgemeinen Konzept einer Ontologie als definierte Menge von Begriffen und Beziehungen (Kapitel 2.1) übereinstimmt, gibt Grund zur weiterführenden Analyse der Benutzbarkeit von ER-Modellen zur Beschreibung von Ontologien. Generell sollte das ERM bzw. EERM an

---

[3]Quelle: Eigene Darstellung

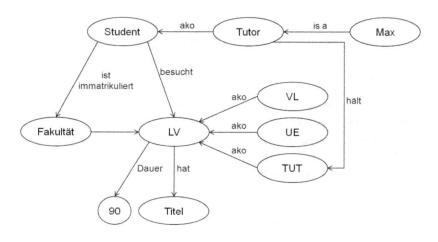

Abbildung 2: Semantisches Netz zur grafischen Beschreibung von Ontologien[3]

dieser Stelle nicht mehr als Grundlage für das Design einer relationalen Datenbank betrachtet werden, sondern rein als Modellierungssprache.

3.2.1 Repräsentation der Hauptbestandteile einer Ontologie

Das Verständnis von Klassen und Relationen einer Ontologie kann eins zu eins auf zwei Hauptkonzepte im ERM abgebildet werden. *Klassen* werden als Entitätstypen abgebildet. Um *Relationen* zwischen Entitätstypen darzustellen, werden sie durch Relationstypen zueinander in Beziehung gesetzt. Die Verwendung von Attributen kann die Anzahl von Beziehungen reduzieren (z.b. Relation „Student hat Name" dargestellt als Attribut). Die explizite Repräsentation von *Instanzen* einer Klasse findet jedoch keine korrespondierende Umsetzungsmöglichkeit. Zwar entspricht das Konzept einer Entität dem einer Instanz bzw. eines Individuums einer Ontologie, jedoch ist die Darstellung einzelner Entitäten nicht vorgesehen. Stattdessen werden gleichartige Entitäten zu einem Entitätstypen zusammengefasst ([FeSi01], S. 130), welcher sich in der grafischen Repräsentation abbilden lässt. Da das ER-Modell keine Modellierung von Instanzen zulässt, ist es auch nicht möglich *Axiome*, welche sich auf solche beziehen, zum Modell hinzuzufügen. Axiome, die sich auf Klassen beziehen, können beispielsweise mit zugehörigen Attributen modelliert werden.

3.2.2 Repräsentierbare Formalisierungsgrade

Zunächst lässt sich festhalten, dass das ER-Modell im Allgemeinen dazu benutzt werden kann, Heavyweight-Ontologien abzubilden. Je nach benötigtem Formalisierungsgrad lassen sich Ontologien mit formalen Klassenbeziehungen bis hin zu Ontologien mit Werteinschränkungen darstellen. Jedoch wird dabei die unterstellte Linearität des Ontologiespektrums verletzt, da im ER-Modell die Stufe der formalen Instanzen, wie in Kapitel 3.2.1 begründet, nicht abbildbar ist.

Prinzipiell ist im ERM die Modellierung von Beziehungstypen beliebiger Art möglich. Jedoch existiert keine explizite Visualisierungsmöglichkeit von Ober- und Unterklassenbeziehungen, was das schnelle Erkennen von hierarchischen Beziehungsstrukturen behindert. Zu diesem Zweck wurde das ER-Modell um die Darstellungsmöglichkeit von Ober- und Unterklassenbeziehungen und um die damit verbunden Konzepte der Generalisierung und Spezialisierung zum Enhanced ER-Modell (kurz: EERM) erweitert ([ElNa07], S. 102). Die Formalisierungsstufe der Frames wird damit automatisch auch abbildbar, da Oberklassen ihre Attribute an ihre Unterklassen vererben ([ElNa07], S. 106).

Werteinschränkungen können durch die Angabe von Kardinalitäten vorgenommen werden (z.B. in Min-Max-Notation). Sie beschreiben in welchem Verhältnis Klassen zueinander stehen ([FeSi01], S. 130). Jedoch ist es auf dieser Formalisierungsstufe im (E)ER-Modell nicht möglich, Datentypen festzulegen.

Das EER-Modell ermöglicht im Bereich der Hierarchiebeziehungen auch die Visualisierung von disjunkten Unterklassen. Zudem können mithilfe von Kardinalitäten auch Aggregations- und Zerlegungsbeziehungen definiert werden (ebenso im ERM). Damit sind jedoch nur Teilbedingungen der ausdrucksstärksten Formalisierungsstufe umsetzbar, weshalb keine eindeutige Zuordnung der Visualisierungskraft des ERM und EERM in eine bestimmte Formalisierungsstufe des Ontologiespektrums möglich ist. Die Hauptvisualisierungsmöglichkeiten des ER-Modells lassen sich jedoch für Ontologien der Stufe der formalen Klassenbeziehungen benutzen. Die des EER-Modells sogar bis zur Gruppe der Frames, jeweils immer mit einzelnen Erweiterungsmöglichkeiten zu Stufen höheren Formalisierungsgrades, sodass noch ausdrucksstärkere Ontologien abgebildet werden können.

3.2.3 Beispielontologie

Abbildung 3 zeigt die grafische Umsetzung des Szenarios aus Kapitel 2.4 im EER-Modell. Dass Tutoren Studenten und Vorlesungen, Übungen und Tutorien jeweils Lehrveranstaltungen sind, wird mittels des Konzeptes der Spezialisierung abgebildet. Durch das kleine *d* wird symbolisiert, dass alle drei Lehrveranstaltungsarten disjunkt sind. Der Doppelstrich zum *d* visualisiert Vollständigkeit ([ElNa07], S. 109), sodass insgesamt die vollständig disjunkt Spezialisierung, entsprechend einer Closed-World-Annahme, abgebildet ist.

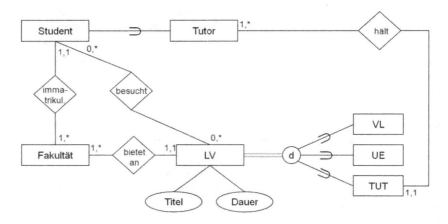

Abbildung 3: EER-Modell zur grafischen Beschreibung von Ontologien[4]

3.3 Weitere Modelle

Es existieren weitere Modelle, mit deren grafischen Möglichkeiten Ontologien unterschiedlichen Formalisierungsgrad beschrieben werden können. An dieser Stelle werden UML Klassendiagramme und Topic Maps in das Ontologiespektrum eingeordnet. Da sich die Repräsentation der Ontologie-Hauptbestandteile und die Analyse der einzelnen Repräsentationsmöglichkeiten innerhalb der Formalisierungsstufen teils stark mit denen der bereits betrachteten Modelle, semantische Netze und (E)ER-Modelle, überschneiden, wird im Folgenden auf diese Ausführungen verzichtet.

3.3.1 UML Klassendiagramm

UML Klassendiagramme ähneln in ihrer Visualisierungsmächtigkeit den EER-Modellen. Die grafische Repräsentation ist unterschiedlich, jedoch können EER-Modelle in UML Klassendiagramme überführt werden ([ElNa07], S. 121). Zusätzlich zu den Möglichkeiten, wie sie auch für EER-Modelle existieren, können in UML Klassendiagrammen beispielsweise auch Werteinschränkungen in Form von festgelegten Datentypen vorgenommen werden ([HaMi08], S. 73 f.), sodass ihre grafische Ausdruckskraft eindeutig bis zur Formalisierungsstufe der Werteinschränkungen reicht. Neben der Generalisierung und Spezialisierung finden auch Teil-Ganzes

---
[4]Quelle: Eigene Darstellung

Relationen eine grafische Umsetzung in UML Klassendiagrammen, sodass auch Komposition und Aggregation Unterstützung findet ([HaMi08], S. 84). Damit ist eine weitere Teilbedingung der höchstmöglichen Formalisierungsstufe im Ontologiespektrum erfüllt.

3.3.2 Topic Maps

Neben den zuvor beschriebenen, grafischen Repräsentationsmöglichkeiten von Ontologien existiert ein weiterer Ansatz, welcher sich insbesondere dadurch auszeichnet, dass er eine Verknüpfung von Klassen mit realen Dokumenten erlaubt. Dies wird mit dem 1999 nach ISO/IEC 13250 normierten Standard der Topic Maps ermöglicht. Ein Standard für ihre grafische Notation ist in der ISO/IEC NP 13250-7 für 2012 geplant.

Topic Maps dienen der Repräsentation von Wissensstrukturen und der Assoziation ihrer Elemente mit Informationsträgern [Pepp04] und sind als XML Topic Maps (kurz: XTM) auch formalsprachlich beschreibbar. Die grafischen Bestandteile einer Topic Map sind mit ihrer TAO beschrieben. Sie umfasst Topics, Associations und Occurences. Occurences finden insbesondere im Zusammenhang mit dem semantischen Web Verwendung. Bildet man diese auf die Hauptbestandteile von Ontologien ab, so entsprechen Topics sowohl Klassen als auch Instanzen und Associations Relationen. Da auch mit Topic Maps Relationen beliebiger Art abgebildet werden können, haben sie eine ähnliche Visualisierungskraft wie semantische Netze, jedoch können keine zu vererbenden Eigenschaften (Formalisierungsstufe der Frames) festgelegt werden, weshalb auch keine formalen Vererbungshierarchien abgebildet werden können. Zusätzlich zu den Möglichkeiten semantischer Netze können Scopes vergeben werden [Pepp04]. Mit ihnen können unterschiedliche Gültigkeitsbereiche von Topics definiert werden, wodurch semantische Einschränkungen stattfinden. Die Möglichkeit der Hinzunahme von Occurences bereichert zudem die semantische Informationsrepräsentation, sodass semantisch wertvollere Ontologien entstehen können.

4 Zusammenfassung

Grafische Modelle zur Beschreibung von Ontologien bilden einen Brückenschlag zwischen der Darstellungsweise von natürlichsprachlichen, menschenlesbaren und syntaktisch formalsprachlichen, maschinenlesbaren Ontologien, indem sie sie in verständlicher, menschenlesbarer, jedoch weiterhin formaler, teils natürlichsprachlicher Form abbilden.

Die drei Ontologiebestandteile Klassen, Relationen und Instanzen sind mittels Modellen grafisch darstellbar. Einzig Axiome finden mit keinem der vorgestellten Modelle eine Repräsentationsmöglichkeit. Das Ontologiespektrum nach McGuinness definiert Ontologien auf unterschiedlichen Formalisierungsstufen, anhand derer die Visualisierungskraft von grafischen Modellen gemessen werden kann. Die Ergebnisse der Analyse der grafisch repräsentierbaren Formalisierungsstufen mithilfe von semantischen Netzen, dem EER-Modell, UML Klassendiagramm oder Topic Maps sind in Abbildung 4 in einer Kurzübersicht zusammengefasst. Generelle eignen sich, abhängig vom angestrebten Formalisierungsgrad, alle vier vorgestellten Modelle für die grafische Beschreibung von Ontologien.

Prinzipiell kann jede existierende Modellierungssprache mit einem ähnlichen Grundverständnis wie dem einer Ontologie zur grafischen Beschreibung verwendet werden. Jedoch bietet die grafische Darstellungsart nicht die gleichen Möglichkeiten der Repräsentation von logischen Zusammenhängen oder Regeln, wie die syntaktisch formalsprachliche. Deshalb können keine hoch formalisierten und logisch beschränkten Ontologien abgebildet werden. So ist, auf Basis der vier betrachteten Modelle, die grafische Repräsentation im Allgemeinen nur für Ontologien auf der Formalisierungsstufe der Werteinschränkungen möglich. Einzelne Teilformalismen höherer Stufen sind teilweise jedoch ebenfalls visualisierbar, sodass die modellhafte Darstellungsweise, so weit wie möglich, ein geeignetes Mittel zur verständlichen Visualisierung von Ontologien darstellt.

---

[5]Quelle: Eigene Darstellung

Formalisierungsstufe \ Modell	Semantisches Netz	EERM	UML Klassendiagramm	Topic Maps
Kontrolliertes Vokabular	□	□	□	□
Glossare	□	□	□	□
Thesauri	■	□	□	■
Informelle Klassenbeziehungen	■	□	□	■
Formale Klassenbeziehungen	■	■	■	□
Formale Instanzen	■	□	□	■
Frames	■	■	■	□
Werteinschränkungen	□	▣	■	□
Logische Beschränkungen	□	□	□	□
Disjunktheit, Inverse, Teil-Ganzes-Relat.	▣	▣	▣	▣

Legende: ■ repräsentierbar
▣ teilweise repräsentierbar
□ nicht repräsentierbar

Abbildung 4: Grafische Repräsentierbarkeit der Formalisierungsstufen des Ontologiespektrums mittels Modellen[5]

5 Kritische Würdigung

Die vorgestellten Modelle sind, bis auf Topic Maps, nicht mit dem Ziel der Repräsentation von Ontologien entstanden. Dadurch können bei ihrer Verwendung für den Zweck der grafischen Beschreibung von Ontologien Probleme auftauchen. Die Visualisierung scheint am Beispiel des durchgehend betrachteten Szenarios unproblematisch, jedoch wird sie mit zunehmend komplexen, abzubildenden Ontologien erschwert, wenn nicht gar unmöglich. Das Ziel der grafischen Beschreibung, verständliche, übersichtliche Modelle zu erhalten, ist bei sehr komplexen Ontologien kaum erreichbar. Die Nutzung von Abstraktionsmechanismen zur überschaubaren und kompakten Beschreibung von sehr großen Ontologien ist deshalb weitere Betrachtungen wert.

Die grafische Beschreibung von Ontologien ermöglicht, auf Basis der bisher betrachteten Modelle, keine Abbildung aller Formalisierungsstufen des Ontologiespektrums, sodass sie im Vergleich zur formalen Beschreibung mittels Syntax Beschränkungen aufweist. Desweiteren ist die Visualisierung von Axiomen nicht möglich, sodass diese schriftlich ergänzt werden müssen. Aus diesem Grund können weiterführende Forschungsarbeiten die Analyse anderer verwendbarer Modellierungssprachen vornehmen oder für die benötigten Ontologiebestandteile und Formalisierungsgrade eine geeignete Visualisierungsmöglichkeit schaffen. Zudem können die in Ontologie-Editoren, wie bspw. Protégé, genutzten grafische Repräsentationsvarianten analysiert werden, um die Möglichkeiten der modellhaften Beschreibung auszuweiten.

Abbildungsverzeichnis

Literaturverzeichnis

[Cor⁺06] CORCHO, O.; FERNÁNDEZ-LÓPEZ, M.; GÓMEZ-PÉREZ, A.: *Ontological Enginee-ring: Principles, Methods, Tools and Languages.* In: Calero, C.; Ruiz, F.; Piattini, M. (Hrsg.): Ontologies for Software Engineering and Software Technology, Springer-Verlag Berlin Heidelberg, (2006), S. 1–48

[ElNa07] ELMASRI, R.; NAVATHE, S. B.: *Fundamentals of Database Systems.* 5th edition, Pearson International Edition. Addison Wesley, 2007

[FeSi01] FERSTL, O. K.; SINZ, E. J.: *Grundlagen der Wirtschaftsinformatik.* Band 1, 4. Auflage. Oldenbourg Verlag München Wien, 2001

[HaMi08] HAMILTON, K.; MILES, R.: *Learning UML 2.0.* O'Reilly Media, 2008

[Hess02] HESSE, W.: *Ontologie(n).* In: Informatik Spektrum, 25(6) (2002), S. 477–480

[Jerr10] JERROUDI, Z. E.: *Eine interaktive Vorgehensweise für den Vergleich und die Inte-gration von Ontologien.* Eul Verlag, 2010

[McGu03] MCGUINNESS, D. L.: *Ontologies come of Age.* In: Fensel, D.;Hendler, J.; Lie-berman, H.; Wahlster, W. (Hrsg.): Spinning the Semantic Web - Bringing the World Wide Web to its full Potential. MIT Press, (2003), S. 171 – 196

[Nec⁺91] NECHES, R.; FIKES, R.; FININ, T. et al.: *Enabling technology for knowledge sha-ring.* In: AI Magazine, 12(3) (1991), S. 36–56

[Pepp04] PEPPER, S.: *The TAO of Topic Maps.* 2004. – URL: http://www.ontopia.net/topicmaps/materials/tao.html, Zugriff: 10.07.2010

[Reic10] REICHENBERGER, K.: *Kompendium semantische Netze.* Springer Verlag Berlin, 2010

[ReKr96] REHÄUSER, J.; KRCMAR, H.: *Wissensmanagement im Unternehmen.* In: Schreyögg, G.; Conrad, P. (Hrsg.): Wissensmanagement, Band 6, (1996), S. 1–40

[RuHi06] RUIZ, F.; HILERA, J. R.: *Using Ontologies in Software Engineering and Techno-logies.* In: Calero, C.; Ruiz, F.; Piattini, M. (Hrsg.): Ontologies for Software En-gineering and Software Technology, Springer-Verlag Berlin Heidelberg, (2006), S. 49–102

[Stu⁺98] STUDER, R.; BENJAMINS, V.; FENSEL, D.: *Knowledge Engineering: Principles and Methods.* In: IEEE Transactions on Knowledge and Data Engineering, 25(1-2) (1998), S. 161–197

[Stuc09]   STUCKENSCHMIDT, H.: *Ontologien - Konzepte, Technologien und Anwendungen.* Informatik im Fokus. Springer-Verlag Berlin Heidelberg, 2009